DESCUBRAMOS
PAÍSES DEL MUNDO

Descubramos
MÉXICO

Kathleen Pohl

Gareth Stevens
Publishing

Please visit our web site at: www.garethstevens.com
For a free color catalog describing our list of high-quality books,
call 1-800-542-2595 (USA) or 1-800-387-3178 (Canada).

Library of Congress Cataloging-in-Publication Data available upon request from publisher.
ISBN: 978-0-8368-8186-8 (lib. bdg.)
ISBN: 978-0-8368-8193-6 (softcover)

This edition first published in 2008 by
Gareth Stevens Publishing
A Weekly Reader® Company
1 Reader's Digest Road
Pleasantville, NY 10570-7000 USA

Managing editor: Valerie J. Weber
Editor: Gini Holland
Art direction: Tammy West
Graphic designer: Dave Kowalski
Photo research: Diane Laska-Swanke
Production: Jessica Yanke

Spanish Edition produced by A+ Media, Inc.
Editorial Director: Julio Abreu
Chief Translator: Adriana Rosado-Bonewitz
Associate Editors: Janina Morgan, Bernardo Rivera, Rosario Ortiz
Graphic Design: Faith Weeks

Photo credits: (t=top, b=bottom, l=left, r=right, c=center)
© Larry Dunmire/DDB Stock Photo: cover; © John Neubauer/PhotoEdit: 1, 8, 12, 17t, 20;
Dave Kowalski/© Gareth Stevens, Inc.: 4, 5t, 31; © Chris Sharp/DDB Stock Photo: 5b, 6, 15t;
© Byron Augustin/DDB Stock Photo: 7; © H. Huntly Hersch/DDB Stock Photo: 9; © Carver
Mostardi/DDB Stock Photo: 10, 13t; © Suzanne Murphy-Larronde/DDB Stock Photo: 11t, 19b;
© Bruce Herman/DDB Stock Photo: 11b; © Carlos Pereyra/DDB Stock Photo: 13b; © Bonnie
Kamin/PhotoEdit: 14; © Carla del Mar/DDB Stock Photo: 15b; © J. P. Courau/DDB Stock Photo:
16, 25t; © Paul Conklin/PhotoEdit: 17b; © D. Donne Bryant/DDB Stock Photo: 18, 19t, 27b;
© Jeff Greenberg/PhotoEdit: 21t; © Stewart Aitchison/DDB Stock Photo: 21b; © Vince
DeWitt/DDB Stock Photo: 22; © Simon Scoones/EASI-Images/CFW Images: 23t; © Spencer
Grant/PhotoEdit: 23b, 24; © Craig Raney/DDB Stock Photo: 25b; © Rudi Von Briel/PhotoEdit: 26;
© John Cotter/DDB Stock Photo: 27t; © Diane Laska-Swanke: 27c

Printed in the United States of America

1 2 3 4 5 6 7 8 9 11 10 09 08 07

Contenido

¿Dónde está México?   4

El paisaje   6

Clima y estaciones   8

La gente de México   10

Escuela y familia   12

Vida rural   14

Vida urbana   16

Casas mexicanas   18

Comida mexicana   20

El trabajo   22

La diversión   24

México: Datos   26

Glosario   28

Para más información   29

Mi mapa de México   30

Índice   32

Las palabras definidas en el glosario están impresas en **negritas** la primera vez que aparecen en el texto.

¿Dónde está México?

México comparte Norteamérica con Estados Unidos y Canadá. Está al sur de Estados Unidos y al norte de Guatemala y Belice. Gran parte de México está rodeada de agua. El golfo de México y el mar Caribe están en la costa este de México. El océano Pacífico está en la costa oeste.

La capital del país es la ciudad de México. Está en un valle en la llanura alta, o **meseta** central de México. La ciudad es inmensa. Está llena de gente, y llena de calles activas, tiendas, restaurantes, negocios y monumentos. Las ruinas antiguas de Teotihuacán están cerca.

México está en el sur de Norteamérica. Es el quinto país más grande de las Américas.

¿Lo sabías?

El río Bravo forma dos tercios de la frontera entre México y Estados Unidos.

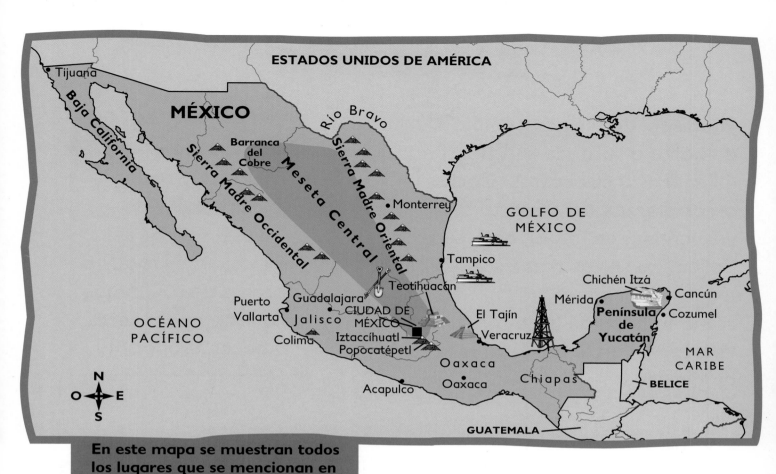

ESTADOS UNIDOS DE AMÉRICA

MÉXICO

Tijuana

Baja California

Río Bravo

Barranca del Cobre

Sierra Madre Occidental

Meseta Central

Sierra Madre Oriental

Monterrey

GOLFO DE MÉXICO

Tampico

Chichén Itzá

Mérida

Cancún

Península de Yucatán

Cozumel

OCÉANO PACÍFICO

Puerto Vallarta

Guadalajara

Jalisco

CIUDAD DE MÉXICO

Teotihuacán

El Tajín

Veracruz

MAR CARIBE

Colima

Iztaccíhuatl
Popocatépetl

Oaxaca

BELICE

N
O   E
S

Acapulco

Oaxaca

Chiapas

GUATEMALA

En este mapa se muestran todos los lugares que se mencionan en este libro.

Las dos penínsulas de México son la **península** de Baja California en el noroeste, y la de Yucatán en el sudeste. México también tiene islas pequeñas frente a ambas costas. Dos de sus **centros vacacionales** más populares en islas son Cancún y Cozumel en el mar Caribe.

Las personas disfrutan de caminar y almorzar en la Plaza de Armas en Mérida, Yucatán.

5

El paisaje

El paisaje de México cambia mucho de norte a sur y de sus montañas y llanuras a sus costas. Cactus y otras plantas del desierto se encuentran en la parte norte seca. Bosques y selvas tropicales crecen en el sur. Bellas playas arenosas, como la popular área turística de Puerto Vallarta, bordean las costas de México.

¿Lo sabías?

México tiene alrededor de 3,000 **volcanes**. Sólo algunos todavía están activos, ¡lo que significa que a veces hacen erupción!

El cactus cardón, que crece en el desierto en Baja California, ¡es el cactus más grande del mundo! Puede crecer tan alto como un edificio de 6 pisos.

La Barranca del Cobre de México ¡es más profunda y cubre un área más grande que el Gran Cañón en Estados Unidos! Está en las montañas de la Sierra Madre occidental.

En medio de México hay una llanura alta llamada la meseta central, donde vive la mayoría de los mexicanos. Las montañas de la Sierra Madre se elevan a lo largo de los lados de la meseta. Las montañas del este se llaman Sierra Madre oriental, y las del oeste, Sierra Madre occidental.

México es una región de volcanes — ¡y a veces de terremotos! Dos volcanes que todavía están activos son el de Colima, al sur de la ciudad de Guadalajara, y el Popocatépetl, cerca de la ciudad de México. El nombre Popocatépetl viene de la palabra india azteca que significa "montaña humeante".

Clima y estaciones

Los climas templados y cálidos de México hacen que el país sea un lugar favorito para los turistas. Aunque el clima de México es cálido, las cimas de algunas montañas del país están cubiertas de nieve todo el año. México no tiene las 4 estaciones de primavera, verano, otoño e invierno. En lugar de eso, sólo tiene 2 temporadas, lluviosa y seca. En algunas áreas, incluso la temporada lluviosa es bastante seca.

¿Lo sabías?

De junio a septiembre, a veces se forman fuertes tormentas y **huracanes** a lo largo de las costas de México.

Hoteles altos bordean la playa arenosa en Acapulco, México, un centro turístico popular.

El Iztaccíhuatl y el Popocatépetl son dos volcanes cercanos a la ciudad de México. El "Popo", que se muestra humeando aquí, ¡a veces arroja humo y ceniza hacia el cielo!

La cantidad de lluvia varía mucho de norte a sur. El norte de México es muy seco, con "veranos" calientes e "inviernos" fríos. La parte central de México también es seca, con clima templado todo el año. Llueve mucho más en el sur de México a lo largo de la costa y en la península de Yucatán. El aire es caliente y **húmedo** en esta parte **tropical** de México.

¿Lo sabías?

La temperatura promedio por la costa de México es de los 25 °C (77 °F). En las montañas la temperatura promedio es de los 17 °C (63 °F).

La gente de México

México tiene alrededor de 105 millones de habitantes. Es el país de habla hispana más grande del mundo. Hoy, México mezcla las **culturas** de los grupos indios que siempre han vivido ahí, y los españoles que gobernaron el país durante 300 años.

La religión siempre ha sido importante en México. Las tribus indias azteca y maya construyeron grandes **templos** de piedra, algunos de los cuales aún están en pie. Hoy, casi todos los mexicanos son católicos romanos, y algunos son protestantes o judíos. Aún otros siguen las religiones indias antiguas.

¿Lo sabías?

Cada año se hace una fiesta en honor del **santo patrono**, o "protector", de cada pueblo, ciudad y estado en México. Estas celebraciones se llaman días de santos.

El 12 de diciembre, en todo México se celebra el día de **Nuestra Señora de Guadalupe**, la santa patrona de todos los mexicanos.

Famosos músicos de México que tocan en las calles, actúan en el Festival de Mariachis que se realiza cada septiembre en la ciudad de Guadalajara.

Antiguos templos de piedra construidos por los mayas aún están en pie en Chichén Itzá en Yucatán.

En muchos días de fiesta mexicanos, se celebran eventos religiosos. En estos días, muchas personas llevan trajes coloridos, ven fuegos artificiales y desfiles y oyen a **grupos de mariachis**.

México tiene 31 estados. Cada estado tiene su propio gobierno estatal y capital. Cada estado tiene sus propias **tradiciones**, o estilos de vestido, música y danza.

Escuela y familia

Los niños de México tienen que ir a la escuela desde los 6 hasta los 14 años de edad. Como las escuelas tienen tantos estudiantes, la mayoría va a la primaria sólo 4 horas al día. Algunos van por la mañana y otros por la tarde. Van 6 años a primaria y 3 años a secundaria. Después, algunos estudiantes empiezan a trabajar y otros continúan su educación en preparatoria y universidad.

Los estudiantes en México por lo general usan uniforme. Estudian español, matemáticas, ciencias, historia, geografía, arte y música.

Todos los ojos están puestos en la maestra en este salón de clases de una escuela primaria en Acapulco.

¿Lo sabías?

¡Los mexicanos tienen nombres largos! Tienen un nombre de pila y un segundo nombre, y después el apellido del padre y el apellido de la madre.

Las tortillas *(en el tazón grande)* figuran en la mesa más a menudo que el pan cuando las familias mexicanas se sientan a comer.

El fútbol es un deporte popular en México. Estos niños lo están jugando en una cancha en una escuela de la ciudad de México.

Los lazos familiares son fuertes en México. Los niños, padres y abuelos a menudo viven juntos. Los domingos, muchas familias van a la iglesia. Después se sientan a comer una *comida*, como se le llama al alimento que se toma al mediodía. Las familias celebran juntas los cumpleaños y los días de santo.

13

Vida rural

Alrededor de 1 de cada 4 mexicanos vive en un rancho o en un pueblo pequeño. Montañas empinadas y clima seco hacen difícil la agricultura en casi todo México. Las mejores tierras de cultivo están en el extremo sur de la meseta central, y en el sur caluroso y lluvioso. En el norte seco, los rancheros crían ganado.

En muchas zonas rurales de México, las familias usan el autobús local para viajar de un pueblo a otro.

En zonas pobres, los campesinos todavía usan burros para cosechar frutas y verduras, y llevarlas al mercado.

Una niña pequeña vende alfarería en Oaxaca, un estado conocido por sus artesanías hechas a mano.

México tiene algunos ranchos grandes y modernos. Sin embargo, casi todos sus ranchos son pequeños y pobres. Algunos campesinos usan asnos pequeños llamados burros para llevar a vender sus frutas y verduras a pueblos cercanos. Los niños de rancho ayudan con quehaceres. Los campesinos y sus familias trabajan duro, pero la mayoría es muy pobre.

Los cultivos principales son maíz, café, frijol, algodón, caña de azúcar, plátano, trigo y vainilla. También, se cultiva cacao, la planta con la cual se hace el chocolate. Muchos habitantes de la zona rural también hacen artesanías para vender a los turistas.

15

Vida urbana

Desde los años 1950, las ciudades de México han crecido con rapidez. La ciudad de México y sus **suburbios** ahora tienen más de 18 millones de habitantes. ¡Es la segunda ciudad más grande del mundo! Las calles son ruidosas, están llenas de gente y hay demasiado tránsito. La contaminación del aire también es un problema importante.

La ciudad de México tiene un aeropuerto internacional, un metro moderno, y un sistema de autobuses públicos. En esta ciudad están los edificios del gobierno de México, y la iglesia más grande del país. También hay fábricas, bancos, tiendas, altos edificios de oficinas, museos y hermosos parques.

Las personas disfrutan de relajarse en el Bosque de Chapultepec, el parque más grande de la ciudad de México.

Un grupo enorme se reúne alrededor de la bandera para celebrar el Día de la Raza, el 12 de octubre, en la Plaza del Zócalo en la ciudad de México.

Muchas personas pobres viven en los barrios bajos fuera de la ciudad de México.

En la ciudad de México también hay una histórica plaza de la ciudad llamada el Zócalo. En las ciudades y los pueblos de México, la plaza de la ciudad o del pueblo es el centro de la vida social. Los habitantes a menudo pasean ahí para reunirse con amigos y escuchar música.

¿Lo sabías?

La ciudad de México está construida en el sitio de la antigua ciudad azteca de Tenochtitlán.

Casas mexicanas

Uno de los materiales de construcción más antiguos de México es el adobe, o arcilla secada al sol. En todo el país pueden verse casas hechas de adobe de color blanco, con techo de teja de color rojo.

Muchos habitantes de ciudades en México viven en modernos y altos edificios de apartamentos. Algunas personas ricas viven en hermosas casas construidas alrededor de patios. Los patios por lo general están llenos de árboles altos y flores.

Algunos habitantes de la ciudad de México viven en modernos edificios de apartamentos, con lugar suficiente para estacionarse.

Algunos de los habitantes más pobres de la ciudad de México viven en Ciudad Neza, un barrio formado por chozas llenas de gente, cerca del basurero de la ciudad.

Casas de clase media ahora bordean estas calles en un pueblo cerca de Veracruz.

Las áreas más pobres de la ciudad se llaman **barrios bajos**. Ahí, muchas personas se apiñan en pequeñas casas de láminas de metal o de cartón. En áreas rurales, las personas a menudo viven en chozas de un solo cuarto hechas de palos y barro, con techo de paja.

¿Lo sabías?

Muchas casas de los barrios bajos no tienen agua corriente ni electricidad.

Comida mexicana

La gente compra verduras y frutas frescas en un mercado al aire libre en Oaxaca.

A muchos mexicanos les gustan las comidas picantes. Añaden chile para darles más sabor a muchos platos. El maíz, los frijoles, los tomates, el arroz y los chiles se usan con frecuencia en la comida mexicana.

¿Lo sabías?

Hecho de especias, chiles y chocolate, el mole es una salsa popular para el pollo.

En zonas rurales a menudo se comen tortillas y frijoles en cada comida. Las tortillas son panes redondos y planos hechos de harina de maíz. Los frijoles bayos o negros se hierven, machacan, fríen y refríen. El flan, un postre popular en todo México, es un pudín parecido a la natilla. Hecho de azúcar y huevos, sabe a caramelo.

Una madre india zapoteca y su hija cuecen tortillas sobre un comal en el estado sureño de Oaxaca.

Los mexicanos a menudo compran frutas, verduras, pollo y pescado frescos en mercados al aire libre. También van a tiendas de comestibles, panaderías, cafés y restaurantes.

Las comidas mexicanas incluyen tamales, enchiladas, frijoles, chiles y salsa.

El trabajo

Muchos mexicanos trabajan en restaurantes y hoteles, y como maestros y dependientes de tiendas. Muchos otros trabajan en la próspera industria turística en centros vacacionales a lo largo de las costas. Otros hacen bella alfarería, joyería de plata, mantas coloridas, y tejidos para vender a los turistas.

En las fábricas de México se produce todo, desde papel y ropa, hasta químicos, automóviles y piezas de automóviles. En la ciudad de Monterrey, en el noreste de México, hay grandes fábricas y **fundiciones** de hierro y acero. Los **puertos marítimos** más grandes de México son Veracruz y Tampico en el golfo de México.

La ciudad de México tiene elegantes restaurantes donde los chefs preparan comidas finas.

Las mujeres en los pueblos de Chiapas hacen telas en telares de cintura. Cada pueblo se conoce por su propio estilo de hacer telas y ropa.

En una fábrica en Tijuana, los trabajadores ensamblan partes electrónicas.

México es el principal productor mundial de plata. Otros minerales que se encuentran en México son cobre, oro, plomo, sal y cinc. De sus pozos petroleros se extrae suficiente petróleo para que México lo use y lo venda a otros países.

¿Lo sabías?

La primera planta de Coca-Cola en México se construyó en Tampico en 1926.

La diversión

A muchos mexicanos de todas las edades les gustan el fútbol y el béisbol, los deportes más populares en México. México tiene equipos profesionales de béisbol y de fútbol. El boxeo, las carreras de caballos, y las corridas de toros son populares **deportes espectáculo**.

A la mayoría de las personas les gusta escuchar a las estrellas populares de México en la radio. A algunas les gusta bailar en discotecas. Muchas disfrutan ver televisión e ir al cine.

Una enorme **piñata** navideña se cuelga enfrente de la catedral en la Plaza del Zócalo en la ciudad de México.

Bailarines con trajes coloridos del estado de Jalisco bailan una danza folklórico tradicional en la ciudad de México.

A las personas les gusta nadar y relajarse en las hermosas playas de México. A muchos mexicanos les gusta visitar museos de arte e historia, y ruinas históricas, e ir a conciertos y bailes. El Ballet Folklórico de la ciudad de México es la compañía de danza más famosa de México. Esta compañía lleva a la vida las danzas del México antiguo para que todos las disfruten.

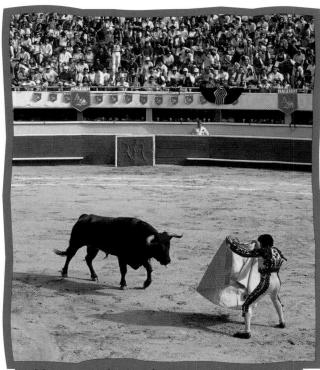

Un matador agita su capote durante una corrida de toros en Baja California.

México: Datos

- El español es el idioma principal de México. En diferentes partes de México también se hablan muchos dialectos indios.

- El nombre completo de México es Estados Unidos Mexicanos. México es una **república federal**. El presidente, cuyo mandato dura seis años, encabeza el gobierno.

- México está dividido en 31 estados y un distrito federal. La ciudad de México y sus suburbios del sur forman el Distrito Federal, que es el centro de gobierno nacional.

- Los ciudadanos de México que tienen 18 o más años de edad pueden votar en las elecciones del país.

La bandera de México tiene franjas de color verde, blanco y rojo. En el centro de la franja de color blanco está el **escudo** de México. Es una imagen de un águila devorando una serpiente. Este símbolo proviene de una antigua leyenda azteca.

La moneda mexicana se basa en el peso. Un peso tiene 100 centavos. En México se usan tanto billetes de banco como monedas.

¿Lo sabías?

México tiene alrededor de una quinta parte del tamaño de Estados Unidos.

Muchos turistas visitan las ruinas indias antiguas de México cada año. La Pirámide de los Nichos en El Tajín, Veracruz, tiene 365 aberturas — ¡una para cada día del año!

Glosario

Américas (las) – las áreas de Norteamérica, Sudamérica y Centroamérica

barrios bajos – vecindarios muy pobres y descuidados

centros vacacionales – lugares, a menudo cerca de lagos u océanos, donde hay comida, alojamiento y entretenimiento para visitantes que van de vacaciones

culturas – grupos o naciones específicas de personas que comparten los mismos antepasados y las creencias básicas dentro de cada grupo

deportes espectáculo – deportes que grandes grupos de personas ven en televisión, en estadios deportivos o en otros escenarios

escudo – un símbolo especial que representa a una familia o un país particular

fundiciones – construcciones donde los metales se funden y se les dan diferentes formas

grupos de mariachis – grupos de músicos con trajes coloridos que recorren las calles mientras tocan

húmedo – que tiene mucha humedad en el aire, lo que puede hacer que el aire se sienta pesado y pegajoso

huracanes – tormentas fuertes que a veces se forman sobre el océano. Sus fuertes vientos y lluvias pueden causar gran daño en la tierra, las plantas y las construcciones.

meseta – una llanura alta

península – territorio rodeado por agua en tres de sus lados

piñata – un recipiente de papel lleno de dulces hecho para un juego de días de fiesta

puertos marítimos – pueblos o ciudades cerca del mar, adonde se embarcan o llegan mercancías

república federal – un país donde el gobierno central sólo tiene poder limitado y en el cual los estados tienen cierta autonomía

santo patrono – una persona santa o piadosa cuyo espíritu se cree que protege a una persona o un lugar

suburbios – comunidades cercanas a ciudades más grandes

templos – construcciones hechas por personas que practican una religión para honrar a Dios o a dioses y diosas

tierras altas – tierras montañosas

tradiciones – una manera de vivir y creencias de las personas, que se han transmitido por muchos años

tropical – que tiene un clima caluroso y húmedo, donde hay muchas lluvias

volcanes – montañas que se forman cuando salen lava y ceniza a través de la corteza terrestre. La lava viene del centro caliente y líquido de la tierra.

Para más información

Mexico for Kids
www.elbalero.gob.mx/index_kids.html

Pyramids of Mesoamerica
www.crystalinks.com/pyramidmesoamerica.html

Fast Facts for Kids
www.kidskonnect.com/Mexico/MexicoHome.html

Nota del editor para educadores y padres: Nuestros editores han revisado meticulosamente estos sitios Web para asegurarse de que son apropiados para niños. Sin embargo, muchos sitios Web cambian con frecuencia, y no podemos asegurar que el contenido futuro del sitio seguirá satisfaciendo nuestros estándares altos de calidad y valor educativo. Se le advierte que se debe supervisar estrechamente a los niños siempre que tengan acceso al Internet.

Mi mapa de México

Fotocopia o calca el mapa que aparece en la página 31. Después, escribe en él los nombres de los países, las extensiones de agua, los estados, islas, ciudades, áreas de tierras, pirámides y ruinas que se listan a continuación. (Si necesitas ayuda, mira el mapa que aparece en la página 5.) ¡Después de que hayas escrito los nombres de todos los lugares, toma algunos crayones y colorea el mapa!

Países
Belice
Estados Unidos
Guatemala
México

Extensiones de agua
mar Caribe
golfo de México
océano Pacífico
río Bravo

Estados
Chiapas
Jalisco
Oaxaca

Islas
Cancún
Cozumel

Ciudades
Acapulco
Guadalajara
Mérida

ciudad de México
Monterrey
Oaxaca
Puerto Vallarta
Tampico
Tijuana
Veracruz

Áreas de tierras, montañas y volcanes
Baja California
Barranca del Cobre
meseta central
península de Yucatán
Sierra Madre occidental
Sierra Madre oriental
Volcán de Colima
Volcán Iztaccíhuatl
Volcán Popocatépetl

Pirámides y ruinas
Chichén Itzá
El Tajín
Teotihuacán

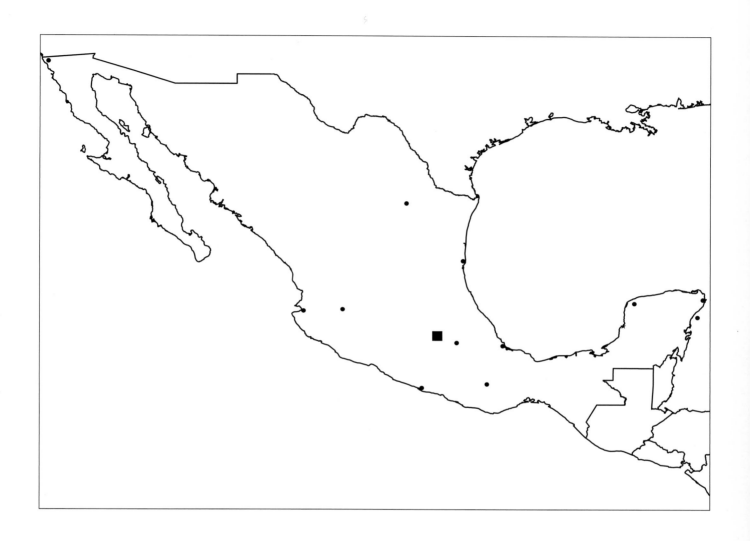

Índice

Acapulco 5, 8, 12
América 4, 5
artesanías 15, 22, 23
Azteca 7, 10, 17, 24, 26

Baja California 5, 6, 25
Belice 4, 5

campo 19
Canadá 4
Chiapas 14, 23
ciudad de México 4, 5, 7, 13, 16–17, 18, 19, 22, 24, 25, 26
ciudades 16–17, 22
clima 8–9, 14
comidas 13, 20–21, 22
corridas de toros 24, 25
costas 4, 5, 6, 8, 9
cultura española 10

danza folklórica 25

deportes 13, 24, 25
días de santo(s) 10, 13

Estados Unidos 4, 5, 27

familias 12–13, 14, 15
fiestas 10, 11

gobierno 11, 16, 26
golfo de México 4, 5, 22
Guatemala 4, 5

idiomas 10, 12, 26
industrias 22–23

mar Caribe 4, 5
maya 10, 11
mercados 15, 20–21
meseta central 4, 5, 7, 14
minerales 23
moneda 27

montañas de la Sierra Madre 5, 7
Monterrey 5, 22

Oaxaca 14, 15, 20, 21
océano Pacífico 4, 5

península de Yucatán 5, 9, 11
petróleo 5, 23
Puerto Vallarta 5, 6

religión 10, 11, 13
ruinas 4, 5, 11, 17, 25, 27

trabajo 14, 15, 16, 22–23
transporte 14, 15, 16
turistas 6, 8, 22

volcanes 6, 7, 9

Zócalo 17, 24